Jenifer

SCÈNES INTIMES

Photographies, textes

David Verlant

Préface

Jenifer

K&B
JEAN-FRANÇOIS KOWALSKI
CAROLINE BEE ÉDITEURS

PRÉFACE

L'histoire commence par un e-mail, que je laisse mijoter quelques jours avant de l'ouvrir…

Quand je me décide enfin à faire du ménage dans ma boîte courrier, je découvre deux textes qui allaient devenir la colonne vertébrale de mon nouvel album… « Si c'est une île » et « Nos futurs »…

Un coup de téléphone et je rencontre bien vite l'auteur de ces mots… Difficile de dire si David Verlant rentrait d'une expédition en Amérique du Sud ou d'une virée nocturne à Saint-Germain-des-Prés… Le bonhomme m'a tout de suite fascinée. De nos longues heures de conversation à bâtons rompus est né l'essentiel des textes de « Lunatique ». Par la suite, David a vécu avec nous, en comité très restreint, chaque moment de la conception de l'album, des prises aux mixes…

C'est très naturellement qu'il a trouvé sa place au sein de l'équipée sauvage qui travaillait sur le Lunatique Tour, entre ces allées et venues qui rythment la vie d'une tournée. Je parle souvent d'une famille qui se déplace de ville en ville pour évoquer mon équipe concert : cette trentaine d'âmes qui construit et déconstruit jour après jour l'écrin qui nous permet de partager des moments uniques avec ceux qui se sont déplacés pour nous voir sur scène. C'est vraiment ça, en fait…

Si David est un habitué des plateaux de cinéma, il découvrait en revanche la vie d'une tournée avec un œil neuf et curieux. Son appareil photo en bandoulière, il nous a suivis sur plusieurs dizaines de concerts. Lorsqu'il m'a proposé de publier un recueil de photographies, comme témoignage de cette tournée et de ces moments passés, je n'ai pas hésité.

Ce livre, c'est son regard à lui, sa façon de nous observer dans notre vie quotidienne, arpentant soir après soir le devant de la scène et les couloirs des coulisses…

Merci David, pour ça et pour tout le reste…

Jenifer, août 2008.

21 millimètres LEICA, vitesse lente…
Ne pas briser le silence après les cris.

Dans mon sac, « Sur la route » de Kerouac.

Et puis il y a ces moments de matelots.

Ces bouts de vies qu'on entaille d'un **éclat**
de rire, l'amitié, la belle coupure.

Mademoiselle Zen.

Avant l'envol.

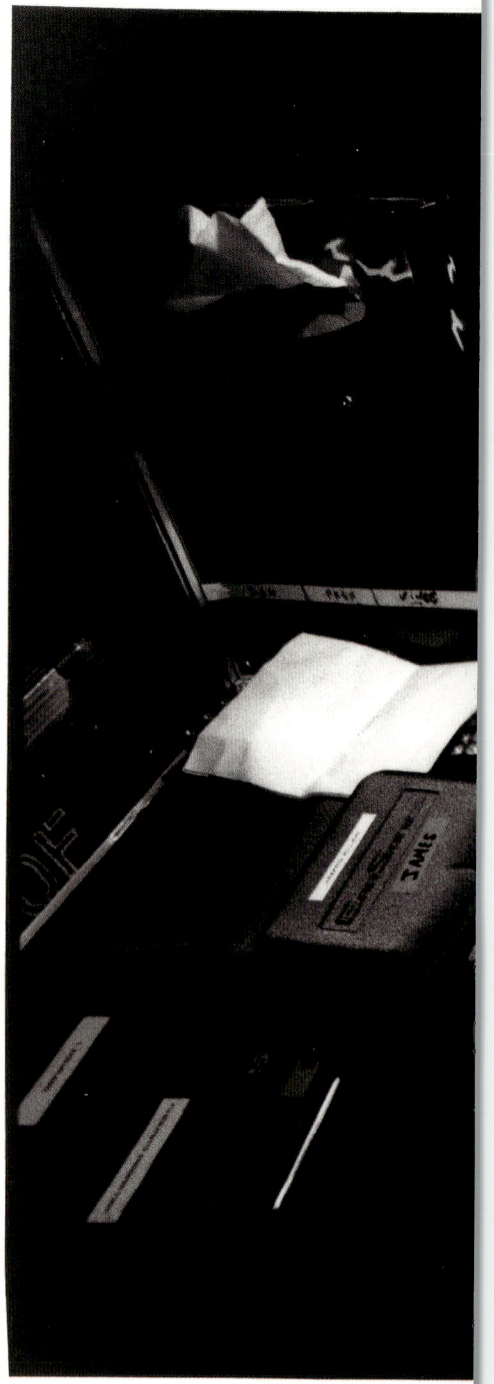

Un ange passe...

HERVE
MELISSA
ELSA
SEB
J. MAX
MATRIX
REVOLUTION
GUEST
RICKO
HF SAX
HF TP
JOST
HERVE
ELSA
J. MAX

Ferveurs...

Allumées.

Sens inverse des aiguilles du monde.

Toi… là-haut.

Quelque part… Août.

Nous déroulions des kilomètres de sentiments, bus tour, musiciens dedans. La campagne est belle. Peu importe la pluie, ce soir, il fera chaud. Vous en scène, vous ensemble.

Jen… j'ai prolongé le plaisir de ta présence, vagabonde et tendre. Un bout de chemin partagé, c'est vivre deux fois plus loin…
Jen… j'voulais te voir toute petite sur les scènes miroitantes pour mieux les dompter, à coups d'éclats de voix, d'éclats de beauté.
J'voulais te voir te faufiler dans ces mélodies, ces mots labyrinthes.

J'voulais la vie en décibels, vibrer des basses, des guitares pour m'accorder, chavirer d'un clavier, des cuivres comme aux zincs et me réchauffer des bois…
J'voulais des chœurs pour le mien, voir les visages s'éclairer, sentir les clameurs se préciser… et la ferveur nous gagner.
J'voulais les souvenirs tomber en rideau, que celui-ci cède sous l'impatience.
J'voulais du rhum par timidité, j'en ai eu, que les mots de coins de tables jetés en solitude, dansent plus fort que moi par vos bouches jamais rassasiées.
J'voulais des rencontres, des couleurs à ma joue sous des soleils artificiels, une pénombre complice, des regards mouillés qui disent plus long qu'un discours.
J'voulais un bout de fierté comme d'autres un bout de terre.
J'voulais des fous rires, des frissons, des après spectacles et la sueur avec, voir des gens heureux, voir des gens chanter… voir des gens debout.
J'voulais des coulisses, du trac, des comptes à rebours, voir la ville des autres, être de passage.
J'voulais…

Mon plume, ayant jeté l'ancre provisoirement, j'ai pu, l'œil en bandoulière, vivre grâce à vous tous ces j'voulais… Merci.

Les plus belles images ne s'encadrent pas. Elles sont un parfum… elles sont le souvenir des belles choses… les yeux fermés, elles apparaissent et vous dressent le sourire.
Je referme ce livre, j'éteins les paupières… dormez bien.

À tout de suite.

David.

Baisers volaient...

Nous deux.

Jeu

Gassin

et la nuit s'accomplit
dans un silence ~~trop~~ si libre
qu'il suffira d'un cri
pour perdre l'équilibre
je t'écris de Gassin
Ref

NOUS

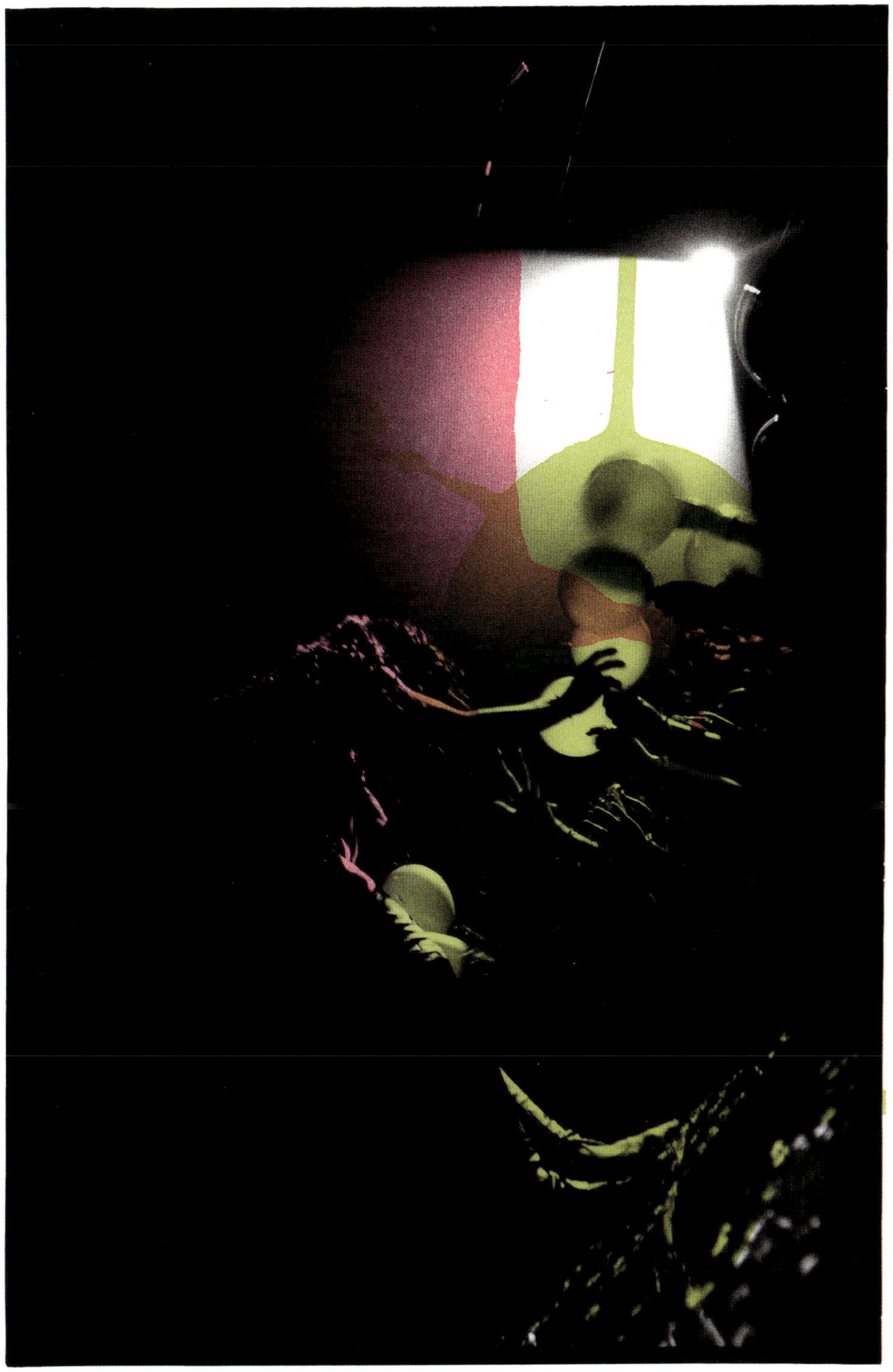

Les ballons de l'enfance s'envolent...
un jour ou l'autre.

Dans la nuit.

BACKSTAGE

BACK LOGE

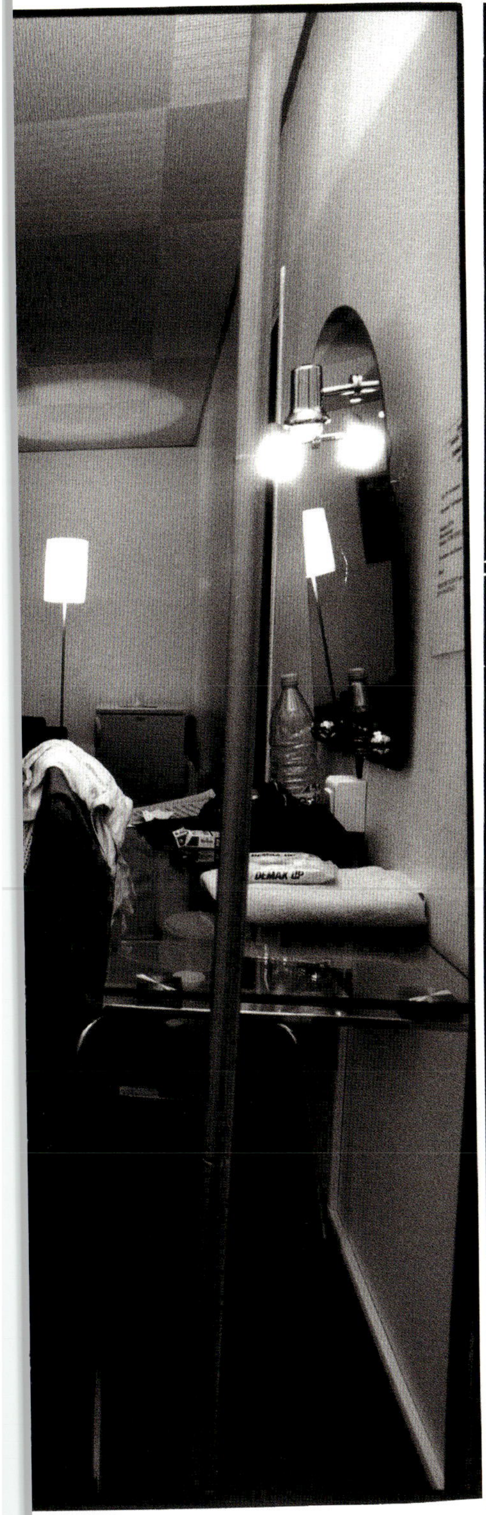

De retour à la **solitude.**

Vers l'azur et ses promesses...

L'amitié.

Gag avant gig.

A splendid time is guaranteed for all.

RV. Patrice.

Seb.

BIG BASS James.

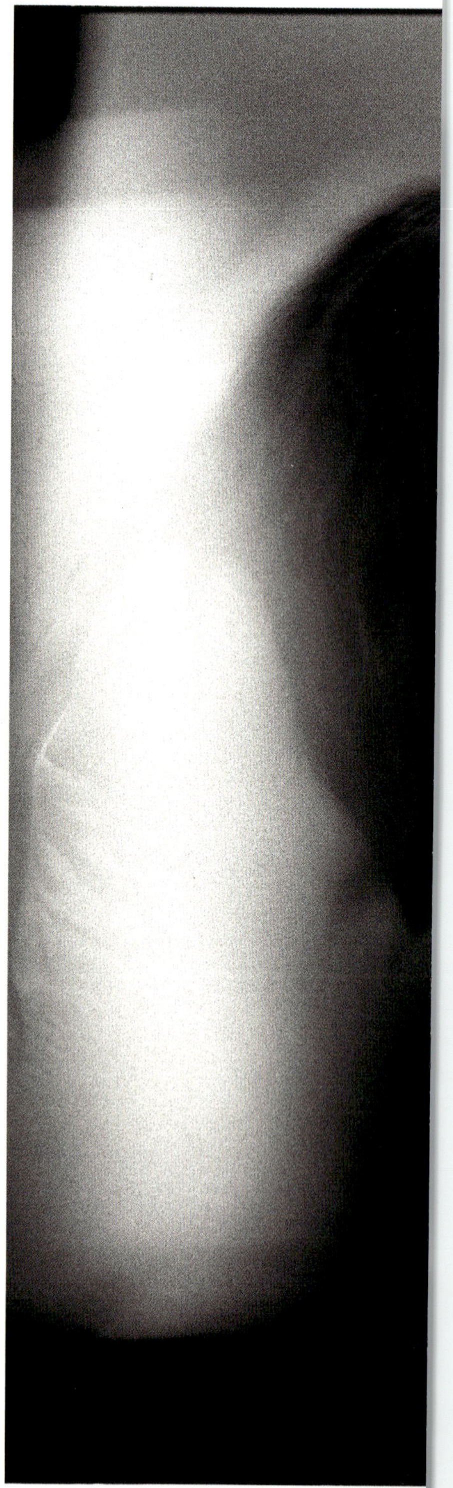

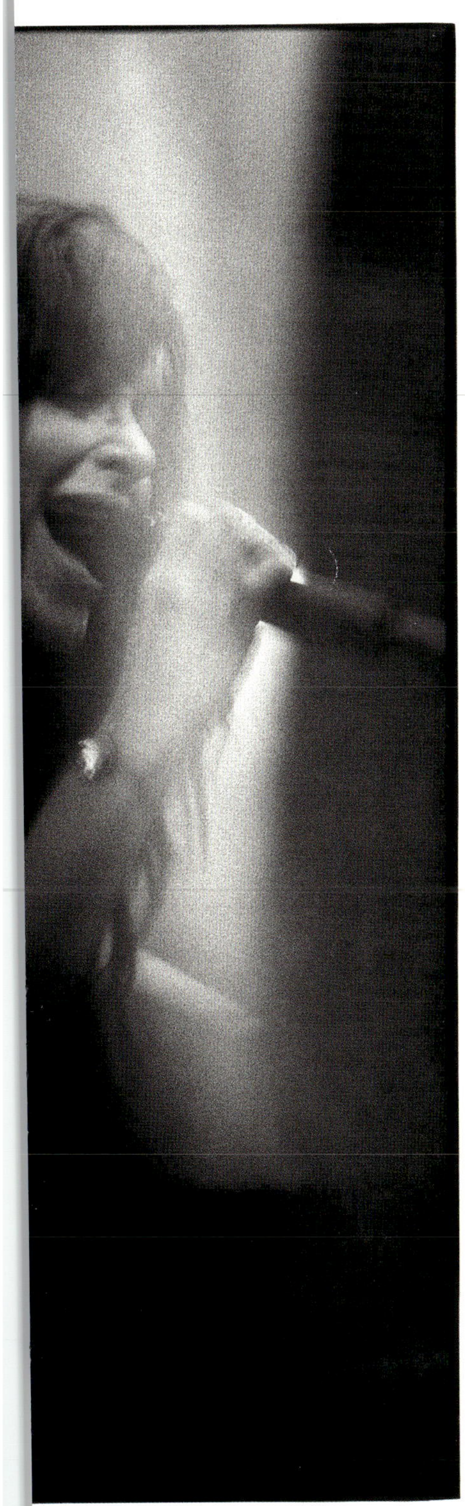

On voit toujours mieux de loin...

Certains soirs…

Les yeux neige.

La volupté
la volupté
c'est le vent les femmes complices
la rumeur douce
dans les caresses
et le temps ne passe plus
c'est l'abandon sans conséquence
entourée d'anges
volupté
donnez m'en
un peu s v p
un peu pour apaiser
quelques grammes
suffiront
une larme

MERCI
ON T'AIME!

aout 08
Jardin fou
sous un ciel sublime
j'ai laissé à ma joie
j'ai pris un jardin fou
un jardin d'herbes folles
à l'ombre des saules
j'y repose dessous
j'ai glissé en silence
pour retrouver l'enfance
que j'ai dû habiter
puis dans l'herbe tendre
je me suis allongée
n'ayant rien à vendre
j'avais tout à rêver
j'avais tout à rêver

Melissa.

Kam.

Ricko Balboa.

Jost Nickel.

Elsa.

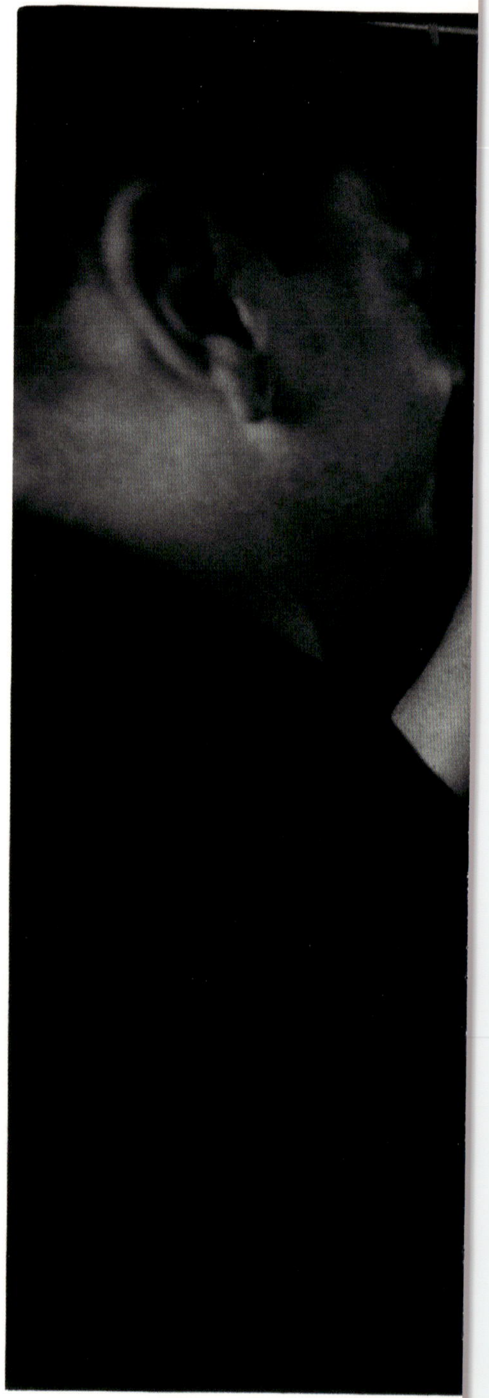

rock oz

11/3/2014

Photographies, textes et conception David Verlant
Direction artistique Jean-François Kowalski
Maquette Frédérique Chapelle

Remerciements Je tiens à remercier chaleureusement l'équipe Band,
Jean-Claude le boss du bus, Kam, dit l'indien, Zaza et Virgile
pour avoir mis un peu de sel dans nos vies au Catering.
Merci Laurent Poirier, Arnaud Faz et toute l'équipe Arachnée.
Merci Pascal Autissier et Christian Martin,
ainsi que tous les gars de l'équipe Crew, pour le son,
pour la lumière, les backliners, la vidéo…
Je remercie Franck Richard d'avoir pensé à ma ligne chez Central Color,
Jean-Christophe Domenech et son équipe pour les tirages.
Thanks Vincent Léoty and team.
Je salue sans délai Bertrand Lamblot pour nos soirées d'L.A.
Merci les filles confettis.
À vous tous de m'avoir accueilli.

Maxime… pour ton inspiration.
Et puis… merci à toi, Franck Véron… d'avoir fait suivre…

Mersea Jen… per sempre.

David.

Photogravure Production 57
Impression IME (Baume-les-Dames),
achevé d'imprimer en octobre 2008

Dépôt légal Octobre 2008
N°ISBN 978-2-915957-55-6

Édité par K&B Éditeurs
19, rue de Liège – 75009 Paris – France
www.kandb.fr